LE DÉPART D'ÉDEN,

POËME.

LE
DÉPART D'ÉDEN

POËME

PAR DELILLE

SUIVI D'UNE

ÉPÎTRE A DEUX ENFANTS VOYAGEURS.

A PARIS,

DE L'IMPRIMERIE DE P. DIDOT L'AINÉ.

M. DCCC. XVI.

AU LECTEUR.

—

M. Delille disoit en traduisant Milton :
« Cette pauvre Ève ! elle est si belle, et si
« malheureuse !» Ce fut donc par le desir
d'adoucir la rudesse d'Adam, quand le ciel
déploie ses rigueurs contre Ève, que l'auteur entreprit ce petit poëme. Il auroit
voulu qu'elle trouvât plus de consolation
dans le cœur de son époux.

M. Delille ne s'étant point occupé de la
préface, sans avoir la prétention d'y sup-
pléer, je demande la permission de ha-
sarder quelques détails sur lui-même, qui

peuvent en quelque sorte se rattacher à cet ouvrage.

M. Delille faisoit remarquer une grande conformité entre le caractère de ses écrits et sa physionomie : ils avoient de la noblesse, de la simplicité, de l'élévation, de l'esprit, de la franchise, de la gaîté, et de la mélancolie. Mais c'étoit dans ses regards qu'il falloit chercher sa physionomie tout entière. Ils étoient si expressifs qu'on ne vouloit plus croire à leur extrême foiblesse lorsque la conversation animoit ses yeux, et qu'ils animoient la conversation. Laissez-moi le voir, disoit une femme à quelqu'un qui s'étoit placé devant elle dans une société nombreuse où il lisoit ce poëme : quand je ne le vois pas, je ne l'entends plus !

Sa sensibilité le rendoit fidéle, non seulement à ses amis, mais aux personnes qui
l'intéressoient, aux lieux mêmes qu'il avoit
habités. Ses ouvrages sont pleins de ses
premiers souvenirs. Le commentaire de
ses vers étoit toujours dans son cœur. *Le
Départ d'Éden* en est une preuve sensible.
Il sembloit n'avoir aucune mémoire pour
les choses de vanité; et, quand il parloit
de lui, il oublioit toujours les moments les
plus brillants de sa gloire.

Dénué, par le hasard de sa naissance,
de ce que les enfants trouvent de délices
dans les secours de la parenté, cette espéce
d'isolement, loin de diminuer pour lui l'intérêt des personnes sensibles, ne fit que
l'augmenter.

Vraisemblablement on doit à cet aban-

don une partie de ses travaux et de ses
succès, puisque cette situation le con-
damnoit à se créer lui-même une existen-
ce indépendante de la naissance et de la
fortune. Ses ouvrages l'occupoient beaucoup; il aimoit le travail; il détestoit la
publicité. S'il fût né avec un peu de fortune, il n'eût rien imprimé de son vivant.
Il donnoit des preuves de foiblesse dans
les petites occasions; il étoit sublime dans
les grands événements. Son ame sembloit
appartenir tour-à-tour à la gaieté, à la
mélancolie; l'une se répandoit dans sa
conversation, l'autre dans ses ouvrages.
Ses entretiens avoient de la grace, parceque, toujours naturel et simple, il igno-
roit l'affectation, qui la détruit. En général,
il régnoit un grand accord entre son es-

prit et son cœur; il n'auroit pu se peindre, il ne se connoissoit pas. Il n'exprimoit jamais que ce qu'il avoit éprouvé ou senti. Quoi qu'en aient dit des détracteurs injustes, j'ai vu souvent ses larmes suivre ou précéder les vers qu'il me dictoit. L'envie de plaire chez lui ressembloit à la vertu; inspiré par sa bienveillance naturelle, il faisoit pour sa société ordinaire les mêmes frais que pour les cercles les plus nombreux. De toutes les vertus qui composoient son caractère, la reconnoissance étoit celle qu'il cultivoit le plus soigneusement.

L'ingratitude lui sembloit le plus hideux des vices. Il aimoit beaucoup; il aimoit d'être aimé. Il ne regrettoit point la perte de sa fortune; mais il pleuroit amèrement la perte de ses amis.

On sera plus à portée d'apprécier M. Delille dans les détails de sa vie, depuis son
berceau jusqu'à son dernier jour. Ces détails seront donnés par la personne dépositaire de toutes ses pensées.

LE DÉPART D'ÉDEN,

POËME.

—

Un soir, dans son berceau, le couple infortuné,
Pressé par ses remords, par le ciel condamné,
Ensemble nourrissant sa douleur recueillie,
Abandonnoit son ame à la mélancolie;
Et tous deux dans un triste et long embrassement
Suspendoient de leurs cœurs le tendre épanchement.

Adam rompt le premier ce lugubre silence:
O fille du Seigneur, rappelle ta constance,
Dit-il; notre malheur en a besoin. Tu vois
Quel deuil remplit ces lieux, si riants autrefois.

La nature est blessée : et notre vaste enceinte
De cette grande plaie offre par-tout l'empreinte.
Nos ruisseaux sont taris, nos arbres dépouillés ;
Du crime paternel nos neveux sont souillés ;
Sur eux notre malheur tout entier se déploie ;
Et Satan s'est promis une éternelle proie.
Contre tant de revers nous avons notre amour ;
Moins doux brille au couchant le reste d'un beau jour :
Mais, seuls, à tant de maux nous ne pouvons suffire.
Le vrai consolateur, c'est le Dieu qui m'inspire.
Eh bien ! présentons-lui les larmes du malheur ;
D'un cœur humilié Dieu chérit la douleur ;
Elle adoucit ses coups, conjure sa menace,
L'implore ou le bénit, rend ou demande grace ;
Et le courroux divin, content du repentir,
Remet dans le carquois le trait prêt à partir.
Mais à ses pleurs touchants, à ses saintes délices,
Tous les lieux ne sont pas également propices ;
Il en est d'où nos cœurs sur des ailes de feu
S'élancent avec force et s'élèvent à Dieu.

D'autres, de la ferveur amortissant la flamme,
N'ont rien qui plaise au ciel, rien qui parle à notre ame.
Vois-tu ce mont sacré qui du riant Éden
D'un front majestueux couronne le jardin?
Dans ce fertile enclos, privé de sa parure,
Lui seul a de ses bois conservé la verdure.
Chaque fois qu'au Très-Haut j'y vins offrir mes vœux,
Ses bénédictions descendirent des cieux;
Ou quelque ange du ciel nous porta les promesses,
Ou la terre pour nous redoubla ses largesses.
En des temps plus heureux, Dieu même, quelquefois,
Écouta sur ce mont nos innocentes voix,
Et, quand nos saints concerts célébroient ses louanges,
Oublia, pour nos chants, les cantiques des anges.
Là, j'espère aujourd'hui (partage mon espoir)
De ce maître irrité désarmer le pouvoir.

Eh bien! dit Ève, allons: par-tout où la prière
Peut adoucir pour toi la céleste colère,
Je te suis. A ces mots, tous deux se sont levés,

Et sur le mont divin sont bientôt arrivés.

La voilà, dit Adam, cette montagne sainte

Dont notre repentir consacrera l'enceinte !

Là, Dieu nous fut propice, ô ma chère moitié !

C'est toi qui dois d'abord implorer sa pitié ;

Ta douleur de ses mains fera tomber les armes.

Eh ! qui l'attendrira, s'il résiste à tes larmes !

Ève obéit ; trois fois elle prie, et trois fois

Ses sanglots redoublés ont étouffé sa voix.

Alors à son époux, tremblante, elle s'adresse :

Objet de ma douleur ! objet de ma tendresse !

Mon crime est trop affreux pour le justifier.

Hélas ! je dois gémir, et je n'ose prier ;

Et sur le Dieu vengeur que pourroit ma prière ?

C'est moi qui l'offensai, qui péchai la première.

Ta malheureuse épouse est odieuse au ciel,

Cher Adam ; c'est à toi de fléchir l'Éternel.

Mes vœux s'épureront en passant par ta bouche.

Que de nos cœurs soumis le repentir le touche,

Moins coupable à ses yeux, attendris-le pour toi;

Si ton amitié l'ose, implore pour moi.

Ai-je par mon orgueil attiré sa vengeance?

Mon cœur avec Satan fut-il d'intelligence?

Non; du fruit dont sa ruse exalta les effets

Je voulus avec toi partager les bienfaits.

Par lui, s'il se pouvoit, dans ma tendresse extrême,

Je voulus ajouter aux bontés de Dieu même.

Ce Dieu, qui me punit, m'ordonna de t'aimer;

Du feu qu'il alluma mon cœur dut s'enflammer;

Et ne devois-je rien à l'époux magnanime

Qui plaint mon infortune et me suit dans l'abyme?

Pouvois-je trop payer ton amour et ta foi?

L'objet de mon hommage après Dieu, ce fut toi.

Eh bien! j'espère encor; dans sa bonté féconde,

L'Éternel pour lui seul n'a pas formé le monde;

En achevant la terre, il a fini par nous.

Tu naquis pour ta femme, et moi pour mon époux.

Et que me font, sans toi, le monde et ses merveilles,

Des couleurs pour mes yeux, des sons pour mes oreilles?

Dieu prévit que toi seul pouvois remplir mon cœur;

En nous donnant la vie, il nous doit le bonheur.

J'espère encore en lui : charmé de son ouvrage,

Lui-même dans tes traits imprima son image.

Voudroit-il l'effacer? Non, perfide Satan !

Il ne veut pas deux fois abandonner Adam.

Lui-même il a maudit ta coupable victoire,

Et sur nos fronts encor fera briller sa gloire.

Je crois à sa pitié, bien plus qu'à son courroux;

Notre foiblesse même aura plaidé pour nous.

L'archange criminel avoit brisé sa chaîne;

Instruit de notre amour, il en arma sa haine.

Par lui le fruit mortel en mes mains fut remis,

Et nous souffrons d'un mal que Dieu même a permis.

Mais peut-être ma plainte irrite sa colère !

Tu m'aimes; je n'ai plus de reproche à lui faire.

Je ne puis que bénir le pouvoir qui t'a fait;

Que dis-je? ses rigueurs sont peut-être un bienfait.

Jusque dans sa justice adorons sa clémence;

Nos maux seront bornés, et sa grace est immense.

Pleure donc, gémis donc : ton Dieu t'écoutera ;
Tes cris iront au ciel, et mon cœur les suivra.

Tandis qu'elle parloit, dans la céleste voûte
De longs sillons de flamme illuminant sa route,
Un ministre du ciel, sur un char lumineux
Descendant lentement, sembloit venir vers eux :
Regarde, cher Adam, dit l'épouse craintive ;
Vers nous, du haut des cieux, un messager arrive ;
D'un air mêlé de grace et de sévérité,
Sur un nuage d'or, tout brillant de clarté,
Il vient. Nous sera-t-il ou fatal ou prospère ?
Faut-il trembler encore ? ou faut-il que j'espère ?
Je ne sais ; mais mon cœur me dit que, dans ce jour,
Cet ange va de nous disposer sans retour.
Avant qu'il ait de Dieu prononcé la sentence,
Hâte-toi, cher époux, d'invoquer sa clémence.
Peut-être nos remords, portés vers le saint lieu,
Sont, avec nos soupirs, arrivés jusqu'à Dieu.
Doux comme son souris, prompt comme son tonnerre,

2

Le pardon peut du ciel descendre sur la terre.
Tu me l'as dit cent fois; pour fléchir sa rigueur
Il ne faut qu'un moment, qu'une larme du cœur.
Oui, mon ame à l'espoir se livre tout entière.
Il en est temps encor; commence ta prière.

Son époux s'agenouille, et des sons gémissants
A l'oreille de Dieu vont porter ces accents :

Seigneur, je suis coupable, hélas! et ta puissance
Devoit mieux espérer de ma reconnoissance.
C'est par toi que je vis la lumière des cieux;
Toi-même ornas pour moi ces champs délicieux;
Je vivois seul alors; et dans ma solitude
Ève vint de mon cœur calmer l'inquiétude.
L'un pour l'autre tous deux nous étions l'univers;
Tes bienfaits partagés nous en étoient plus chers.
Pour celle qui charmoit mon séjour solitaire
Je devois, m'as-tu dit, me montrer plus sévère;
Je l'adorois, sans doute, et dans elle mes yeux

Croyoient en la voyant voir un rayon des cieux.

Pour elle mes remords accusent ma foiblesse ;

Mais c'est toi qui formas sa grace enchanteresse.

J'ai perdu, pour lui plaire, et le monde et mes fils.

Eh ! comment résister à celle que tu fis ?

Dans l'œuvre de tes mains je t'aurois fait outrage ;

J'aurois calomnié ton plus parfait ouvrage.

Que dis-je ? mon malheur vient tout entier de moi ;

Devois-je à sa beauté sacrifier ta loi ?

C'est à toi qu'elle dut sa grace inexprimable ;

Et plus tu la fis belle, et plus je fus coupable.

Je le suis ; mais mon crime adresse à ton pouvoir

La voix du repentir, et non du désespoir.

Au bout de l'univers ton foudre peut m'atteindre ;

Le péché l'alluma, le remords doit l'éteindre.

Que ton oreille s'ouvre aux cris de nos douleurs !

Tu nous laissas l'espoir en nous laissant les pleurs.

Abandonné par toi, c'est en toi que j'espère.

Permets qu'un fils ingrat tombe aux pieds de son père.

Dieu puissant, j'entendis ta foudroyante voix

Éclater sur les monts et gronder dans les bois.
J'entendis dans les airs, noircis par les orages,
Ton tonnerre à grand bruit déchirer les nuages;
J'entendis, par ton souffle avec force poussés,
Rouler, gros de débris, les torrents courroucés;
Mais ces foudres brûlants qui tonnent sur nos têtes,
Le fracas des torrents et le cri des tempêtes,
O mon Dieu! valent-ils, pour proclamer ton nom,
L'accent de la prière et la voix du pardon?

Si je ne puis pour moi désarmer ta justice,
Que sur moi seul au moins ton bras s'appesantisse!
Lorsqu'elle osa toucher à l'arbre du savoir,
Ève espéroit connoître encor mieux ton pouvoir;
Et plus digne de moi, du ciel et de toi-même,
Entrer dans les secrets de ta bonté suprême;
C'est moi qui la perdis. Au moment du danger
Mon amour vigilant devoit la protéger.
Tu m'avois confié sa fragile innocence;
Son bonheur fut détruit par un moment d'absence.

N'abandonne donc pas à toute ta rigueur

L'épouse que ta main choisit près de mon cœur.

Je dévoue à tes traits ma tête criminelle ;

Mais tu me punis trop en te vengeant sur elle.

La voilà devant toi, redoutant tes regards,

Les yeux noyés de pleurs, et les cheveux épars.

Je ne demande plus cette beauté divine

Qui révéloit aux yeux sa céleste origine,

Et, lorsqu'ils descendoient dans ces terrestres lieux,

Rappeloit leur patrie aux envoyés des cieux.

Mais tends à ses remords ta main compatissante ;

Pour être heureuse encor, qu'elle soit innocente ;

Dans les larmes d'Adam lave son déshonneur ;

Reprends-lui ses attraits, et rends-lui le bonheur.

Dans quelque horrible lieu que ta rigueur nous jette,

Qu'elle soit ma compagne, et sur-tout ta sujette.

Le malheur nous unit ; ah ! jusques au trépas

Que j'allège ses maux et conduise ses pas.

Si ma main quelquefois peut essuyer ses larmes,

Le plus affreux désert aura pour moi des charmes.

2.

Dans ce cruel exil, qu'en tremblant je prévoi,
Nos repentirs unis s'élèveront vers toi.
Par-tout où, rappelant ce séjour de délices,
Quelques fleurs à nos yeux ouvriront leurs calices,
Tous deux sur un autel, élevé par nos mains,
Nous en ferons hommage au maître des humains.
Si pourtant nous pouvions sous nos riants ombrages
Cueillir encor nos fruits et bénir tes ouvrages !
Là, nous fûmes heureux ! là, docile à tes lois,
Mon Ève m'apparut pour la première fois.
Non, je n'espère plus, parmi les chœurs des anges
Savourant l'ambrosie et chantant tes louanges,
Partager ton bonheur et ta gloire avec eux ;
Que je sois auprès d'Ève, et je suis dans les cieux !

Ainsi parloit Adam, et la sainte milice,
Du char qui dans les airs légèrement se glisse,
S'abat sur la montagne ; à leur tête est Michel,
Qui vient bannir d'Éden le couple criminel.

Cessez de vous flatter d'une espérance vaine,

Leur dit-il ; du péché vous porterez la peine.

Le cri de vos remords, vos prières, vos vœux,

Ont frappé mon oreille en montant vers les cieux ;

Mais il n'en est plus temps : l'homme plein de foiblesse,

Borné dans son pouvoir, borné dans sa sagesse,

Est dans ses volontés sujet au repentir.

Dieu, qui ne peut errer, ne peut se démentir :

Sa divinité même et sa sublime essence

Mettent une limite à sa toute puissance ;

Il ne peut de ses droits accorder l'abandon.

Sa grandeur à lui seul interdit le pardon,

Et sa longue indulgence, en reprenant la foudre,

Par des coups éclatants a besoin de s'absoudre.

Aussi, comme l'éclair échappé de ses mains,

L'irrévocable arrêt du maître des humains,

Au but marqué d'en haut par son œil redoutable,

Porte de son courroux le trait inévitable.

Nul secret ne se cache au Dieu de vérité ;

Nul attentat n'échappe à sa sévérité.

Venez donc, suivez moi. Pour expier vos crimes,
Dieu se doit vos malheurs, il se doit des victimes.
Un jour, un jour viendra qu'un grand médiateur
Désarmera pour vous l'ange exterminateur.
Jusque-là vous devez, par un châtiment juste,
Satisfaire, en souffrant, à ce monarque auguste.
Je vous apporte ici ses ordres absolus.
Ces jardins fortunés ne vous reverront plus.
Il les avoit parés pour un couple fidèle :
Cette terre aujourd'hui vous rejette loin d'elle.
Je plains votre infortune ; et même dans les cieux
Des pleurs, en l'apprenant, ont coulé de mes yeux ;
Mais vous êtes jugés, et vos plaintes sont vaines.

Le sang d'Ève à ces mots se glace dans ses veines.
Cependant, au milieu du bataillon sacré,
Soumise, mais pensive, et le cœur déchiré,
Elle foule en passant les plantes défleuries,
Les arbrisseaux mourants, et les roses flétries.
A travers ces débris, sur ses pieds chancelants,

Entre Adam et Michel elle avance à pas lents.

La nature par-tout sembloit déshonorée.

Seule, moins languissante et moins décolorée,

Une rose restoit; mais ses jeunes boutons

Paroissoient à regret déployer leurs festons.

D'Ève, à travers ses pleurs, les yeux l'ont aperçue;

Sur son frêle calice elle arrête sa vue:

Fleur charmante, dit-elle, entre toutes les fleurs,

Toi dont avec plaisir je cultivois les sœurs,

Toi dont je parfumois ma couche nuptiale,

Avant que de mourir sur ta tige natale,

Sur tes rameaux souffrants laisse-moi te saisir;

C'est leur dernier tribut, et mon dernier plaisir.

Comme toi, je parois cette enceinte chérie;

Hélas! et comme toi le péché m'a flétrie.

Elle dit, la détache, et, suivant son chemin,

A l'envoyé céleste abandonne sa main.

En parcourant ces lieux, autrefois pleins de graces,

Par-tout du châtiment elle aperçoit les traces.

Son œil rencontre enfin le berceau nuptial,

D'où quelques fleurs pendoient sur le lit conjugal.

Son cœur à ces débris trouve encore des charmes :

Berceau chéri, dit-elle en le baignant de larmes,

Toi qui vis mon bonheur, connois mon désespoir !

Ah ! s'il faut te quitter, falloit-il te revoir !

Adieu, séjour de paix, d'amour et de délices !

Ici mes souvenirs sont autant de supplices,

Et mes plaisirs perdus, se changeant en douleurs,

De mes félicités composent mes malheurs.

Charmés de visiter nos demeures agrestes,

Ici m'apparoissoient les envoyés célestes.

Ici, je m'en souviens, du divin Raphaël

La consolante voix m'entretenoit du ciel.

Dieu même à nos regards s'y montra dans sa gloire.

Sortez, riants tableaux, de ma triste mémoire.

Ces beaux jours ne sont plus : le farouche Satan

A perdu, par mes mains, le malheureux Adam.

O vous, dont loin d'ici j'emporterai l'image,

Mystérieux abris, délicieux ombrage,

Anges qui visitiez autrefois ce beau lieu,
Paix du cœur, douces nuits, jours innocents, adieu !
Et toi, couche sacrée, où mon ame ravie
En commençant d'aimer crut commencer la vie ;
Toi que baignent nos pleurs pour la dernière fois,
Quelle tu m'as reçue, et quelle tu me vois !
Dieu nous a retiré sa bonté paternelle ;
Tu me vis innocente, et je pars criminelle !
Je pars avec douleur, hélas ! et sans retour !

Ainsi, pleurant ces lieux si chers à son amour,
Du premier des humains la compagne chérie,
En quittant son berceau, croit quitter sa patrie.

Adam ne pleure point. Dans sa mâle douleur
Il voudroit porter seul tout le poids du malheur.
Tel le chêne, qu'embrasse une plante débile,
La défend de l'orage et demeure immobile.
Tout-à-coup il s'écrie : O ma chère moitié,
Écoute ! écoute encor la voix de l'amitié !

Ainsi que toi, j'aimai ces riantes demeures,
Où, comme nos ruisseaux, couloient nos douces heures;
Mais quel charme aujourd'hui peuvent avoir ces lieux
Où j'armai contre moi la colère des Dieux?
Ce n'est plus cet Éden où la terre naissante
Répondoit avec joie à ma voix innocente;
C'est Éden profané par mon coupable orgueil;
Ici nos attentats répandirent le deuil,
Et mon ingratitude, en désastres féconde,
Des promesses du ciel déshérita le monde.
Ces plaines, ces coteaux, à nos regards si doux,
Tout ce qui nous fut cher dépose contre nous.
Je pars; mais dans mon cœur j'emporte l'espérance:
L'espoir marche toujours auprès de la souffrance.
Non, mes vœux les plus chers ne seront point trahis;
Dieu nous eût séparés, s'il nous avoit haïs.
Sa bonté se fait voir dans sa justice même;
Chère épouse, on n'est point malheureux quand on aime.
Nos cœurs étoient unis dans la prospérité;
Ils resteront unis contre l'adversité.

Quelle douleur ne cède à ta douce présence!

Je puis braver l'exil, mais non pas ton absence.

L'un par l'autre, en un jour, nous nous sommes perdus

Mais pour nous le malheur est un lien de plus.

Viens; ma main essuîra tes larmes, et les miennes

Perdront leur amertume en se mêlant aux tiennes.

A ce discours touchant, le terrible Michel

Sembloit presque oublier l'ordre de l'Éternel;

La pitié dans son cœur désarmoit la vengeance.

D'un envoyé de Dieu la céleste indulgence

Tempéroit sés regards, et de son fer divin

Les éclairs adoucis s'éteignoient dans sa main.

Mais enfin, d'un air doux à-la-fois et sévère

Remplissant à regret son triste ministère,

A la porte d'Éden il les conduit tous deux,

Et console en ces mots leur exil rigoureux :

Couple aimable! d'Éden vous touchez la limite.

C'en est fait; mais je dois, avant que je vous quitte,

3

Contre votre infortune armer votre raison.

Voyez s'ouvrir au loin cet immense horizon.

Là vous retrouverez encor la Providence,

Et pour vous le travail produira l'abondance.

Pourtant n'espérez pas, dans ce séjour nouveau,

Un bonheur toujours pur, un destin toujours beau.

Peut-être vos enfants feront couler vos larmes;

Peut-être, pour vos cœurs nouveau sujet d'alarmes,

Leurs discords troubleront votre félicité,

Et leur mère, pleurant sur sa fécondité,

Verra s'ouvrir par eux les scènes de la guerre.

Hélas! le vrai bonheur n'est point fait pour la terre!

Votre ame peu long-temps en goûta les douceurs,

Et votre Éden lui-même a vu couler vos pleurs.

Mais le ciel, si vos cœurs souffrent avec courage,

Vous dédommagera de ces moments d'orage.

Là, Dieu lui-même un jour bénira votre hymen;

Là fleurira pour vous le véritable Éden.

Jusque-là l'Éternel, tempérant vos disgraces,

De sa juste vengeance effacera les traces.

Les éléments, que Dieu déchaîna contre vous,
Serviront ses bontés bien plus que son courroux.
Les chaleurs mûriront la grappe fécondée;
Le ciel vous versera la bienfaisante ondée.
La tempête elle-même, en balayant les airs,
Des infectes vapeurs purgera l'univers,
Et le foudre indulgent d'un maître moins sévère
Vous dira sa puissance et non pas sa colère.
Des volontés du ciel ministre obéissant,
Mais de votre malheur ami compatissant,
Moi-même quelquefois des célestes demeures
Je viendrai du travail vous adoucir les heures;
Votre inexpérience entendra mes leçons:
De vos champs paresseux je hâterai les dons;
Vous me verrez souvent dans vos nouveaux domaines
Alléger vos travaux et soulager vos peines,
Et parmi la rosée, en ce séjour mortel,
Vos jeunes plants boiront quelques larmes du ciel.
Nourrissez dans votre ame avec persévérance
Et l'humble repentir et la douce espérance.

Tous les deux à profit mettez votre malheur.
Dieu n'a pas sans dessein affligé votre cœur ;
Que de ses châtiments et de votre disgrace
L'exemple salutaire instruise votre race.
Quand, loin de ce beau lieu, qui nous vit tant de fois,
Ou savourer vos fruits, ou visiter vos bois,
Au lieu de cultiver cette plaine si belle,
Il vous faudra lutter contre un terrain rebelle,
Et du sillon ingrat, creusé péniblement,
De votre faim pressante arracher l'aliment.
Dites à vos enfants, devenus vos victimes ;
Voilà votre destin et le prix de nos crimes.
Du mal qui vous punit ils ont tous hérité ;
Qu'ils en léguent l'histoire à leur postérité,
Et que de leurs récits l'impression profonde
Courbe tous les humains sous le maître du monde.
Oh ! combien je voudrois dans les plus doux climats
Vous choisir un asile et diriger vos pas !
Mais il est temps que j'aille au Dieu de la clémence
Annoncer vos douleurs et votre obéissance.

Prosterné devant lui, j'implorerai pour vous
Des jours moins rigoureux et des destins plus doux.
Vous, ne murmurez point contre l'Être Suprême.
Le murmure est un crime et la plainte un blasphème.
L'impatience aigrit le chagrin douloureux,
Et les cœurs résignés ne sont point malheureux.
Du bonheur à la peine endurez le passage;
Des arts consolateurs faites l'apprentissage;
Que la terre pour vous soit un nouveau jardin,
Et dans ce lieu d'exil refaites votre Éden.
Entourés de vos fils et de vos fleurs naissantes,
Vous léverez au ciel vos mains reconnoissantes,
Et vos chants d'alégresse et vos hymnes d'amour
Du soleil renaissant salueront le retour.
Ainsi l'affreux Satan aura perdu sa proie;
Et le ciel, qui vous plaint, vous devoit cette joie.

Il dit, prend son essor, remonte vers les cieux,
Et long-temps dans les airs ils le suivent des yeux.

3.

DESCRIPTION

DE

L'ARCADIE.

—

L'Arcadie est un fragment des beautés de la Gréce, dans lequel on trouve des traces du culte et des usages de l'antiquité, conservé par les arts, embelli par la nature. Une fontaine en fait l'entrée; les arbres fruitiers qui l'ombragent rappellent celle de Palémon, dont la bienfaisance rafraîchissoit les voyageurs dans leurs courses

pénibles. Deux cabanes charmantes sont
près de là; l'inscription de la fontaine,

On ne jouit d'un bien qu'autant qu'on le partage,

annonce l'hospitalité. Des milliers de
fleurs, qui bordent le sentier par lequel
on sort de ce lieu paisible, offrent par
leur éclat et leur parfum un tribut pour
celui qui veut offrir un hommage à
un sentiment quelconque, dans une île
presque impénétrable par la hauteur et la
quantité d'arbres qui la couvrent. Sous
leur ombre, sont placés, à des distances
assez considérables, les autels de l'Amour,
de l'Amitié, de l'Espérance, de la Reconnoissance, et des Souvenirs. Il y en a un
consacré aux poëtes qui savent si bien
exprimer ce que nous ne pouvons que

sentir. Pour passer dans l'île, il y a un petit bateau que l'on fait aller soi-même. Il ne peut contenir que deux ou trois personnes. Il est attaché d'un côté par une ancre accrochée à une pierre immense consacrée à l'Espérance, de l'autre à un anneau que tient un sphinx en marbre. C'est l'emblême du mystère. En repassant, on revient à un sentier obscur qui mène à une grotte par laquelle on va grimpant de pierre en pierre jusqu'à un réduit gothique, asile de la mélancolie. On en sort par des arcades qui disputent avec les arbres de hauteur et d'ancienneté. Ce chemin mène à un arc hardi d'une grande proportion dans le style grec, que les révolutions ni les plantes parasites qui le couvrent n'ont pu détruire. Cet arc fait,

pour ainsi dire, le cadre d'un immense
tableau; des bosquets toujours fleuris, au
milieu desquels on voit le temple. De ce
côté, il présente six colonnes d'ordre ioni-
que. La frise porte l'inscription imitée de
Mihi me reddentis agelli..... d'Horace, ren-
due en italien : *M'involo altrui per ritrovar
me stessa.* Le calme du bonheur que cela
annonce est en partie rempli par le silence et la tranquillité de ce paysage. On
parvient en jouissant de cette harmonie
de la nature aux portes du temple. Il est
magnifique, et presque au-dessus de toute
description. La porte est en bois des Indes, la clef en acier poli, enrichie de dia-
mants. Le vestibule est rond; un amour
dans une niche l'éclaire de son flambeau.
Plus loin, un musée en peinture de tout ce

qu'il y a de plus beau en camées, vases étrusques, lampes, fragments d'inscriptions et de bas-reliefs, occupe le voyageur curieux. Tous les meubles y sont antiques, ou faits d'après l'antique. En sortant de là on passe par un couloir, à côté de la statue du silence, pour entrer dans le sanctuaire. C'est une rotonde magnifique, dont l'aspect est imposant. L'ensemble transporte l'imagination aux temps des oracles. Les murs sont de marbres blancs, les colonnes de *giallo antico*. Des statues de vestales portent des vases d'albâtre qui semblent être encore destinés au feu sacré. Sur un autel antique, entouré de caisses magnifiques contenant des orangers, des myrtes, des jasmins, reposent des milliers d'offrandes, répandues aussi sur les gra-

dins, que les curieux, les amis, les voyageurs y ont déposées. Il y en a de tous les
genres. Une grande partie sont des vases,
des cassolettes, des trépieds, etc.... Der-
rière l'autel est une glace immense d'une
seule pièce, dans laquelle, en s'en appro-
chant, on aperçoit l'Amour tapi pour sur-
prendre ceux qui viennent y faire des sa-
crifices. Cet Amour est peint par madame
Lebrun. La coupole est peinte par un François, nommé Norbelin, très habile dans
son art. On y voit l'Aurore conduisant les
chevaux du Soleil. Un orgue magnifique
dans un cabinet attenant ajoute à la magie
du lieu. En sortant de l'autre côté du temple, la vue plonge sur un lac animé par
une rivière qui y grave son cours, portant
l'écume d'une chute qui tombe au travers

des restes d'un ancien aquéduc. Le ri-
deau d'un bois épais et sombre termine
cette scène arcadienne, et sert de fond au
tableau, qui rappelle les Claude Lorrain,
quelquefois les Berghem, quand le bétail y
revient lentement au coucher du soleil.
Mais qui mieux que le chantre des jardins,
dont la nature est la palette, le génie les
pinceaux, et les vers la fraîcheur même,
peut en rendre les effets? En s'éloignant on
passe sur les débris de l'aquéduc pour
aller sur l'autre rive, d'où l'on voit l'autre
façade du temple au travers de la fumée
des cassolettes qui ornent le quai et les
marches. Elle monte depuis l'eau jusqu'au
haut du portique, qui est de quatre colonnes, avec un fronton, sur lequel est l'inscription suivante: *Dove pace trovai d'ogni*

mia guerra. On parcourt des collines, des bosquets jusqu'à une enceinte de grands arbres, où l'on trouve une tente. A côté de la tente est suspendu le bouclier et la lance d'un ancien chevalier avec sa devise. Plus loin on découvre un salon de cristal, dont les panneaux enchâssés dans le bronze et le bois de Mahony sont d'une grandeur inimaginable. A travers chaque panneau on découvre les plus belles vues de l'Arcadie. Tous les ornements en cristaux et les meubles en schals des Indes rappellent dans ce beau cabinet les féeries des Mille et une Nuits. De là, en poursuivant des sentiers variés, on arrive à un lieu consacré au dieu Pan. Sa statue, adossée dans une niche, est entourée de tous les attributs du dieu des bergers. A côté de la niche est une petite porte en pierre, par laquelle on entre dans un verger précédé d'un tapis de fleurs, entouré d'un mur fait tout entier de débris de divers bâtiments, comme chapiteaux, frises, fragments, morceaux tous rapportés, et mêlés de mousses et de plantes rampantes. Sous les arbres de ce verger sont placées des ruches, et l'on peut dire dans ce beau lieu

De ses parfums divers embarrassoit l'abeille.

Ce verger fait face à une ruine. Il semble que les bergers de l'Arcadie en ont dérangé l'architecture pour y établir leurs rustiques travaux. Ces belles ruines, ornées de quelques colonnes, bas-reliefs, renferment à présent des moutons, dont les clochettes et le bêlement retentisser dans les voûtes où jadis peut-être ils servirent de victimes. Quelques sarcophages, des urnes, des cuves de marbres précieux, à présent à l'usage des propriétaires, servent d'abreuvoirs, de siéges, et sont en partie recouverts de vignes, de clématites, dont les festons s'étendent jusqu'à deux rangs de colonnes qui aboutissent à la grande porte d'entrée, par laquelle on découvre un ancien château situé à une demi-lieue de l'Arcadie. En suivant le cours de la rivière à droite, on arrive à une île de peupliers qui ombragent un monument de marbre noir, dans lequel on voit une figure de femme en marbre blanc, dans l'attitude du repos, copiée d'après la sainte Cécile du Bernin. L'inscription si connue, *Et moi aussi j'ai vécu*

en Arcadie, est changée ici ; et on lit : *J'ai
fait l'Arcadie, et j'y repose.* La belle, l'intéressante princesse Radziwil, brillante
encore de jeunesse et de fraîcheur, a fait
cet asile pour y reposer un jour. De l'autre
côté de l'île s'élève une colline, sur laquelle pose une chapelle de marbre noir.
Sa belle architecture, les tableaux qui la
décorent en dedans, des inscriptions, tout
se réunit pour plonger l'ame dans de pro-
fondes réflexions. Cette chapelle est consacrée à une fille charmante et tendrement chérie que la princesse Radziwil a
perdue. Il est impossible de ne pas être
touché en y entrant, bien que cette mère,
si intéressante dans sa douleur, ait rassemblé dans les tableaux de la chapelle tout
ce qui peut consoler une ame profondé-

4.

ment atteinte, par l'idée de l'immortalité
et d'un Dieu bienfaisant. En sortant de là
on revient par un autre chemin à la chute
d'eau, dont le murmure endort les peines
présentes dans les songes de l'avenir.

La princesse Radziwil, transportée par
le bonheur de voir l'Arcadie dans votre
poëme, a employé un temps considérable
à la description de ce lieu chéri, dont jamais elle n'étoit contente. A la fin, elle me
l'a envoyée; j'ai cru devoir l'abréger, et j'en
ai supprimé beaucoup de petits détails. Je
me hâte de vous l'adresser. S'il n'est plus
temps, peut-être trouvera-t-elle place dans
les notes. Ce sera une consolation pour
elle.

DESCRIPTION

DE

PULHAVIE.

Avant de détailler Pulhavie, je tracerai
le local et la situation. Pulhavie est situé
dans le palatinat de Lublin, sur une colline qui se prolonge le long de la Vistule.
Le château est au sommet. Une partie des
jardins se trouve de niveau avec le château, une autre sur la pente, le reste touche la rivière. Au levant et au nord est

un bois de chênes, de tilleuls, de sapins.
Ce bois, percé en allées, est d'une vaste
étendue, et réunit plusieurs grandes routes. Au midi, on voit des montagnes dont
quelques unes sont brisées ; d'autres sont
couronnées par des châteaux anciens, dont
les ruines sont très pittoresques. Le prin-
cipal est celui de Casimir. Il a été bâti en
1326 par Casimir-le-Grand, un de nos
meilleurs rois. Du midi au couchant coule
la Vistule dans une très grande largeur.
Au bas du jardin, elle forme une île très
considérable ; plus loin, elle se prolonge
dans toute son étendue. La rive opposée
est garnie d'arbres immenses, de villages
situés sur une rive pareillement un peu
montueuse. Vis-à-vis de Pulhavie est bâ-
tie une maison de campagne, à laquelle

le propriétaire a donné l'extérieur du temple de Vesta, très bien exécuté; elle est ombragée par d'immenses chênes et quelques peupliers, et fait, pour mon jardin, un point de vue charmant. Telle est la situation de Pulhavie; en voici les détails. La principale beauté de Pulhavie, ce sont les arbres; par leur ancienneté, leur grandeur, leur beauté et leur nombre, ils sont véritablement à citer. Une autre parure que la nature y a placée, c'est un fleuve superbe, toujours couvert de bâtiments de transport, de bateaux et de barques. Les jardins d'en haut, qui sont de niveau avec le château, sont arrangés nouvellement dans le genre .anglois. Les vieux arbres plantés par nos aïeux en forment le fond. Les bosquets sont variés par tout ce qui se

soutient dans nos climats. Les gazons sont
de la plus grande beauté. A gauche, vous
voyez au milieu des bosquets une pelouse
sur laquelle s'élèvent deux bouleaux immenses, dont les branches flexibles retom-
bent depuis le sommet jusque sur le gazon. Ce genre de bouleau est comme le
saule pleureur, et se dessine encore mieux.
Les deux dont je parle couvrent de leur
ombre un monument en pierre de taille
très simple, avec cette inscription : *Monument des anciennes amitiés.* Sur les côtés,
on a gravé les noms de quelques personnes qui, depuis plus de vingt ans, font notre petite société, et embellissent ma vie
par l'intérêt le plus touchant et les soins
les plus tendres. En suivant des routes du
même côté on découvre une orangerie en

colonnade, dont la façade fait un point de vue charmant. Cette orangerie contient les plus belles plantes et les plus rares. Sur un des angles de la colonnade on a gravé ce vers de Virgile :

Hic omnes arbusta juvant humilesque Myricæ.

Du même côté, on parvient à l'ancienne limite du jardin. C'est un chemin creux pratiqué dans un ravin, qui est en même temps une grande route de poste très fréquentée. On a jeté un pont de pierre par-dessus, et le jardin continue de l'autre côté. A droite, on voit le grand chemin qui passe sous des peupliers immenses; à gauche, les champs et le bois; la vue se prolonge dans toute l'étendue d'un pays

très varié, et le jardin, à l'aide de ce que
les Anglois appellent *deception*, semble
n'avoir pas de bornes. En tournant de là
sur la droite vous longez une partie du
jardin, qui est très agreste; des ravins, des
prairies naturelles et des touffes de très-
beaux arbres; ensuite un petit bois qui
couvre la pente; sur un des ravins, un pont
de pierre dans le genre gothique vous mène
sur un bord escarpé au-dessus d'un bras
de la Vistule. Sur ce bord s'élève un temple tout entier en pierre de taille, fait sur
le modèle exact et sur les mêmes mesures
absolument que celui de la Sibylle à Ti-
voli. La seule différence, c'est qu'il n'est
point en ruines, mais absolument achevé.
Comme je n'aime point les bâtiments quel-
conques, quand ils n'offrent en y arrivant

aucun but, j'ai rassemblé dans ce petit
temple des collections de plusieurs genres
que j'ai faites depuis bien des années. Ce
sont principalement des souvenirs de personnes célébres et d'événements qui ont
le droit d'intéresser : des portraits, ba-
gues, chaînes, coupes, armures, meubles,
lettres, livres, manuscrits, vases, médailles, etc...... Un côté est consacré à ma
patrie, l'autre rassemble des souvenirs de
la France, de l'Angleterre, et d'autres
pays. Je me. plais à revoir réunis dans cet
espace bien peu étendu des objets qui,
dans leur origine, n'étoient pas faits pour
être ensemble : le masque de Cromvell à
côté de celui de Henri IV ; une chaîne de
Marie Stuart à côté des *Heures* de Marie-
Antoinette ; la chaise de Shakespeare à côté

de celle de J.-J. Rousseau; le cornet à
poudre de Henri VIII à côté de l'épée de
Charles XII; un vase de coraux, qui a ap-
partenu à Laurent de Médicis, à côté des
lettres originales de madame de Sévigné.
Je ne finirois pas si je voulois nommer et
détailler ce que produisent quelquefois
les déplacements momentanés de toutes
mes richesses dans ce genre; mais je dois
ajouter ici que mes larmes coulent souvent quand je passe du côté où je retrouve
les souvenirs de ma patrie, de ce pays si
cher à mon cœur, où je vécus depuis mon
enfance, où je fus heureuse fille, heureuse
femme, bien heureuse mère, heureuse
amie. Ce pays n'existe plus; il est arrosé
de sang, et bientôt le nom même en sera
effacé. En sortant du temple et en conti-

nuant à marcher vers le côté gauche, vous
arrivez à une petite pelouse, entourée de
collines très brisées. Sur le penchant d'une
de ces collines j'ai élevé un monument de
marbre blanc, que j'ai consacré à mon
beau-père et à ma belle-mère, en reconnoissance du bonheur dont je jouis par
la possession de Pulhavie, dont en partie
les beaux arbres sont plantés par eux. Ce
monument a été fait à Rome, sur les pro-
portions et sur l'exacte modèle du tom-
beau des Scipion. Il est très grand, d'un
beau style, et d'un très beau marbre. En
longeant la côte, un sentier charmant mène
à un ravin profond. On le passe sur un
pont qui aboutit à une petite porte en
pierre. En l'ouvrant, la transition est frap-
pante, cette porte donnant sur un gazon

superbe et très soigné, et sur une multitude d'arbustes et de fleurs. Ce sont les possessions de ma fille, la princesse de Wurtemberg, qui demeure toujours avec nous. Marie est son nom ; ce gazon et ces fleurs offrent son image. Une ame céleste, un caractère angélique, une figure charmante, des talents, des vertus, et bien des malheurs, voilà son histoire. En suivant une route embaumée entre ces bosquets fleuris, on parvient à un pavillon d'ordre corinthien, le plus joli du monde. C'est là qu'elle demeure ; c'est là qu'elle fait mon bonheur et celui de tout ce qui l'entoure. Sur le frontispice de sa maison, elle a gravé ce vers d'Horace :

Iste terrarum mihi præter omnes angulus ridet.

Cet endroit, d'après le nom de Marie, est appelé Marynki; le bras de la rivière sépare Marynki d'avec l'île; un pont y conduit. Cette île est un des beaux endroits de Pulhavie. L'extrême fraîcheur des gazons, où de très belles vaches paissent en liberté, des arbres immenses et d'un genre propre au pays, en font un ensemble ravissant. Ces arbres sont des peupliers qui ne viennent que sur les bords de la Vistule, et qui parviennent à une hauteur prodigieuse; leurs troncs sur-tout sont très remarquables. En devenant vieux, ils se couvrent de nœuds, qui se placent comme des cercles autour du tronc, régulièrement de distance en distance; ces nœuds se couvrent de petites feuilles, et forment comme des couronnes qui enlacent ces ar-

5.

bres magnifiques, lesquels en vieillissant
deviennent immenses. Leurs troncs alors
semblent porter non des branches, mais
d'autres arbres. Il y a environ deux cents
peupliers de cette espèce sur l'île; sous
leur ombre, j'ai placé des étables, des lai-
teries, et quelques cabanes. Plus loin, on
repasse par un autre pont pour rentrer au
jardin; on se trouve alors dans un sentier
qui conduit le long d'une suite de roches
d'un assez beau genre, où l'on peut remarquer de belles grottes à deux étages,
d'une vaste étendue et d'une belle qua-
lité. Les grottes sont anciennes; mais
je me suis plue à les perfectionner. Il y en
a une dont la base est baignée par la
rivière; une autre dont la forme cintrée
ressemble à une chapelle. J'y ai gravé

sur un bloc ces deux vers de Racine :

L'Éternel est son nom..............

En passant par une des grottes, on se
trouve dans un endroit fort solitaire. Là,
s'offrent à la vue deux vieux peupliers
presque renversés, mais garnis de leurs
feuilles. Au-dessus de leurs rameaux est
une pierre immense consacrée au passé.
Je n'ai vu personne qui ne s'arrêtât avec
intérêt auprès de ce monument. Chacun
y retrouve un souvenir, et chacun dans
le passé se rappelle ou son bonheur ou ses
peines. Au travers des rameaux des branches des deux peupliers et au-dessus du
monument du passé, on aperçoit une sail-
lie dans le rocher, que l'on remarque, quoi-

que enfoncée en arrière. Cette pointe de
rocher est à un ami bien cher que j'aimois
tendrement, que j'ai perdu. Le long des
rochers est une cabane de pêcheurs, quelques vieilles voûtes très pittoresques, un
escalier taillé dans le roc; cet endroit est
entremêlé de plantes et d'arbustes. De là on
passe dans la partie du jardin qui touche
à la Vistule même. C'est là que s'élèvent
les plus beaux arbres, dont l'immense hauteur atteste l'ancienneté. Des chênes, des
ifs, des peupliers, y forment une continuité
de berceaux, où l'on se promène à l'ombre
à toute heure. Par-dessous on découvre le
fleuve dans toute sa majesté. Le soir d'un
beau jour d'été, la rivière vers le couchant est pourpre, et du côté de l'île, dans
le temps où la lune se lève de bonne heure,

à la même époque du jour, elle est argentée.
Ce coup d'œil est unique dans son genre.
À l'extrémité du jardin, de ce côté-là, on
voit environ quarante marroniers de la
plus grande hauteur et de la plus vaste
étendue. Au milieu de ce bosquet de marroniers sont disposés six grands jets d'eau
qui s'élèvent au-dessus des arbres, et re-
tombent entre les branches. Je ne vous
fatiguerai pas d'une plus longue description. J'ajouterai seulement qu'au-delà des
marroniers on se trouve dans un joli ha-
meau, où un ruisseau charmant coule sur
un lit de cailloux entre des arbres superbes.
C'est là qu'est placée une pierre immense
consacrée à l'auteur du poëme *des Jardins*.
Un peuplier la couvre, un ruisseau l'ar-
rose ; une prairie qui borde d'un côté le

ruisseau sert de salle de jeux et de bal
tous les dimanches à une troupe d'enfants
et de jeunes personnes : c'est ma manière
de vous rappeler à tout ce qui m'entoure.
A Marynki, chez ma fille, il y a une source
d'eau vive ombragée d'acacias et de cytises.
A côté de la fontaine, un bas-relief vous
est consacré, avec cette inscription : *Il
aima la campagne, et sut la faire aimer.* Je
finirai ces détails en vous parlant d'un
petit jardin séparé qui tient à mon appar-
tement. Il est entouré d'une haie vive, et
ne contient que des fleurs les plus rares,
et en quantité. Un seul bouquet d'arbres
y est planté de ma main. Ce sont quelques
peupliers d'Italie, quelques acacias et des
lilas. Au milieu on voit un autel en marbre blanc. Au bas j'ai gravé ces mots ; *A*

l'Être Suprême pour mes enfants. Voilà le
lieu où j'habite avec mes enfants, mon
mari, et mes amis. Voilà le lieu où vos ouvrages charmants sont lus, relus, admi-
rés. Voilà le lieu qui peut-être, dans le
cours d'une révolution nouvelle, sera
anéanti comme tant d'autres, et dont je
desire que le nom et le souvenir passent à
la postérité dans vos vers : c'est une manière de reconnoissance pour ce Pulhavie,
où je vis heureuse, que de lui donner un
brevet pour l'immortalité. Sans décrire
tous les détails de cet endroit, j'ai cependant donné une grande étendue à ma description ; mais ne me faites pas le tort de
croire que je veuille que vous parliez de
tout ce qui s'y trouve. J'ai mis sous vos
yeux ce qu'il y a de plus marquant, et

vous choisirez ce qui vous paroîtra le plus
intéressant. Je ne dois pas oublier encore
un objet qui n'est point exécuté jusqu'à ce
moment, mais qui le sera dans peu. Depuis que je voyage, j'ai toujours eu le goût
des souvenirs des choses intéressantes dans
le passé. Entre beaucoup d'autres collections, j'ai ramassé une quantité de fragments d'anciens bâtiments de tous les pays
de la terre. J'ai des pierres de Constanti-
nople, des bas-reliefs de Rome, une pierre
du Capitole, vingt briques de la Bastille,
que j'ai apportés moi-même. J'ai un morceau d'une frise du château de Marie d'É-
cosse, un fragment d'un ancien temple de
Druides, que j'ai trouvé en Écosse. Enfin
j'ai une multitude de pierres intéressantes,
avec des inscriptions, des sculptures, et

autres. Je vais faire une petite maison gothique où toutes ces pierres seront ins-
crites avec des marques pour les reconnoître. Cette maison sera la demeure de
celui à qui sera confiée la garde de tout mon
petit muséum. Elle sera placée de manière
qu'on ne la verra qu'en entrant dans l'enclos où elle sera située, pour ne pas mêler
son coup d'œil gothique avec la belle architecture du temple. Je ne vous fais pas
la description du monument pour mes auteurs favoris; vous la connoissez déja. C'est
là qu'on vous dit : *Au-dessus de Gesner*, *et
bien près de Virgile.*

De très violents maux de tête m'ont em-
pêchée d'écrire correctement. Pardonnez
ce barbouillage.

A LA PRINCESSE ***

MADAME,

J'avois retardé pour vous la réimpression de mon poëme; je l'aurois cru incomplet, si vos jardins n'y eussent tenu la place qu'ils méritent. On se forme d'avance la figure des grands personnages qu'on se promet de voir; la même chose m'est arrivée à l'égard de vos jardins. Je m'en étois tracé d'avance l'image la plus avantageuse; et la peinture que vous en

avez faite me prouve que je les avois presque devinés. Il me semble que j'avois déja
vu vos bosquets, vos grottes, vos rochers;
le style enchanteur dont vous les dépei-
gnez est la seule chose dont je n'avois pu
me faire une idée. Le choix des inscriptions n'est pas ce qu'il y a de moins heureux dans les ornements du séjour ravissant dont vous avez bien voulu me tracer
une peinture si agréable. Jamais Virgile
n'a eu tant d'esprit que dans les applica-
tions heureuses que vous faites de ses vers.
Mon poëte auroit été surpris s'il avoit pu
prévoir que ses passages seroient tournés
en éloges pour son traducteur, qui les a si
souvent affoiblis. Votre description est
elle-même un charmant poëme; mais malheureusement il me reste peu de place: je

serai forcé d'abréger la peinture de quelques autres jardins pour donner au vôtre
sa juste étendue. C'est ainsi que Virgile
invitoit le scorpion à se replier pour faire
place à l'astre de César:

Tibi brachia contrahit ardens
Scorpius, et cœli justa plus parte relinquit.

Vos citations latines, MADAME, m'autori-
sent à citer des vers latins. Il ne me reste
qu'un regret; c'est de ne pouvoir parcourir qu'en idée des lieux pleins de vous et
de Virgile. Je voudrois pouvoir m'y transporter, et changer mon petit monument
en autel, où je vous offrirois en échange
et vos fleurs et mes vers.

Je suis donc réduit à choisir dans votre

6.

description ce qu'elle offre de plus brillant et de plus pittoresque. Le reste em-
bellira mes notes, et malheureusement le
charme de votre prose accusera la foiblesse
de mes vers.

Je ne puis deviner pourquoi vous avez
retardé l'envoi des jardins de l'Arcadie;
les peindre sur les lieux, et d'après nature,
auroit encore été un de mes plus ardents
desirs, et j'aurois voulu pouvoir dire aussi :
Et ego in Arcadia.

EPITRE

A DEUX ENFANTS VOYAGEURS.

———

Enfin vous l'allez voir ce continent si vaste.

  Vous partez dans vos jeunes ans,

 Quand vos esprits, vos organes naissants,

  Peuvent saisir chaque contraste.

Mais souffrez qu'un vieillard, sans rudesse et sans faste,

Par votre aimable accueil dès long-temps prévenu,

Et profitant pour vous de tout ce qu'il a vu,

  De loin vous montre sur la route

  Les dangers qu'il faut qu'on redoute,

L'ennui, l'orgueil, et la légèreté.

 Dans chaque empire et dans chaque cité,

De voyageurs une foule pullule;

Chacun a sa marotte et tous leur ridicule :

   L'un, à la suite d'un cartel,

  Qui veut du sang, pour un mot, pour un geste;

   Bien loin du séjour paternel,

   Victime d'un orgueil funeste,

S'en va mourir d'ennui sur les bords du Texel :

  Un coup d'épée eût été moins mortel.

   L'autre, promeneur solitaire,

   Et voyageur apothicaire,

Va chercher sur les rocs, sur la cime des monts,

Dans le fond des forêts, dans le creux des vallons,

La plante du centaure, ou l'herbe vulnéraire,

   Ou le salubre capillaire;

Et, fier de son butin lentement recueilli,

Revient la tête vide, et son herbier rempli.

Cet autre, préférant les arts à la nature,

Va chercher la moderne ou vieille architecture;

Il est heureux, s'il sait, à la rigueur,

Combien Saint-Paul a de longueur,

Combien tous les temples du monde

Le cèdent en hauteur à la grande rotonde

Qui, s'élevant *ecessivamente*,

Va porter jusqu'aux cieux le nom de Bramante.

En maçon très chrétien il a couru la terre,

Vu tous les patrons goths, grecs, gaulois, ou romains,

Les temples celtes et germains.

Il part, revole en France, en Angleterre,

Il compte en masse, hélas! et souvent en détail,

La nef d'Amiens, de Reims le célèbre portail,

Et du chœur de Beauvais le superbe travail,

Et les vitraux de Tours, précieux à l'histoire,

Où plus d'une famille a retrouvé sa gloire;

Les forts de Valencienne et ceux de Luxembourg,

Et les rocs dentelés du clocher de Strasbourg;

L'Escurial, le Louvre, et Saint-Roch, et Saint-Pierre,

Leurs châsses, leurs cercueils, le mur qui les enserre

La grille dont ils sont enceints;

Enfin ses longs discours, ses récits, ses dessins,
Pleins d'autels, de tombeaux, et de marbre et de pierre,
Même aux dévots font redouter les saints.

L'autre à bien festiner met sa philosophie;
Où l'on mange et boit bien est sa géographie;
Il voyage en gourmand; il compare en chemin
La truite de Genève à la carpe du Rhin,
Les pleurs du Christ au cru de Chambertin,
Le Calabrois, le Santorin,
Dont un volcan féconda le terrain,
Les vins pourris dans les fosses d'Espagne
Au vieux nectar qu'en plus d'une campagne
Nos grenadiers françois buvoient, le sabre en main,
Dans les foudres de l'Allemagne.

Tantôt son savoir bien nourri
S'en va, d'auberges en auberges,
Chercher dans quels climats, sous quel ciel favori,
Les pois nouveaux et les asperges,

Pour complaire à sa volupté,
Préviennent le printemps, survivent à l'été.
Aux champs de la Romagne, aux îles de l'Attique,
Dans sa gourmandise classique,
Il demande en courant le Chio, le Massique
Qu'Anacréon et qu'Horace avoient bus,
A qui leur verve poétique
Paya de si justes tributs.
Il veut savoir quel vin moderne
Remplace le Cécube, et tient lieu du Falerne.
Il ne s'étonne pas que les arts soient perdus
Depuis que ces vins ne sont plus.
Il goûte, il juge tout, passe de halte en halte,
Des vergers de Montreuil aux oranges de Malte,
Du lièvre sans saveur et du fade lapin,
Nourris des débris du jardin,
Aux gibiers du midi, dont la chair renommée
Est de lavande et de thym parfumée,
Ou de la bartavelle à la rouge perdrix,
Dont l'épagneul évente les esprits ;

Parcourt tous les terroirs en oliviers fertiles,
De Lucque et d'Aix va comparer les huiles,
Rapporte enfin chez lui des indigestions
De tout pays, de toutes nations.

Tantôt, peu satisfait de nos serres françoises,
Il s'arrête en chemin, charmé par un beau fruit
Dont le parfum et le goût le séduit,
Prend là ses repas et ses aises.
La saison finit-elle, il appelle à grand bruit
Ses gens, ses postillons, fait atteler ses chaises,
Et disparoît tout juste avec les fraises.

D'autres, de l'avenir, du présent, peu frappés,
Infatigables antiquaires,
Du passé seul sont occupés ;
Dans les vallons, sur les monts escarpés
Vont déchiffrant des marbres funéraires,
Vont déterrant des urnes cinéraires,
Se pâment sur un mur bâti par Cicéron,

Ou sur un coin du jardin de Néron,

D'écus grecs ou romains, ou d'antiques médailles,

Ils s'en vont ramassant des restes curieux;

Ils appliquent la loupe, ils fatiguent leurs yeux

  Sur le vert-de-gris précieux

  De ces augustes antiquailles.

  Du vorace Vitellius

  Cherchent les casernes royales,

  Ou des Tibère, des Caïus,

  Les cavernes prétoriales;

Comblent de leurs débris des chars et des vaisseaux;

  Puis, fiers de ces rares morceaux,

 Pour embellir leurs scènes romantiques,

Ils vont de cet amas de décombres antiques,

De colonnes sans base et de vieux chapiteaux,

Attrister leurs jardins, encombrer leurs châteaux;

 Doctes fouillis de la Grèce et de Rome,

Où logent cent consuls, et souvent pas un homme;

Antre nobiliaire, ambitieux donjon,

Où, comme les vivants, chez d'Hozier, chez Baujon,

Les morts inscrits sur leurs registres

Présentent en entrant leurs dates et leurs listes.

Des cartons sous le bras, dans les mains des crayons,

L'autre s'en va chercher loin de nos régions

    Des ruines, des paysages,

    Dessiner quelques monts sauvages,

   Quelques rochers bizarrement taillés,

Et d'arbrisseaux rampants richement habillés,

   De beaux lointains, et de riches ombrages.

'Au fond d'un porte-fenille il dépose enterrés

    Des champs flétris, des monts décolorés.

Par-tout où s'est montré ce grand paysagiste,

    Chaque lieu semble triste

    De voir ainsi déshonorés

    Ses bois, ses ruisseaux et ses prés,

    A qui le crayon des artistes

N'a pu laisser ce ciel pur et vermeil,

    Ces beaux reflets, et ce soleil,

    Le plus brillant des coloristes.

Lui cependant, tout fier de ces riches moissons,

Du grand art des Poussin récoltes poétiques,

  Va bientôt dans d'autres cantons,

Pleins de grands souvenirs, fameux par de grands noms,

  Autour des remparts historiques

  Des Augustes et des Catons,

  Reprendre ses courses classiques;

  Passe des égouts de Turquie

  A cette fontaine chérie

Du grand législateur, confident d'Égérie,

A la tombe où dormoit Scipion l'Africain,

  A la masse du Colisée

Par un neveu papal depuis long-temps brisée;

  Passe en revue et les champs et les monts;

Et, sa docte valise une fois bien remplie,

  Il court en France apporter l'Italie,

Ses arts triomphateurs, ses aquéducs, ses ponts,

  Et ses temples, et leurs frontons,

  Et dit, d'une ame enorgueillie:

Rome n'est plus dans Rome, elle est dans mes cartons.

  Dans de plus longues promenades,

L'autre badaud parisien

Chez le peuple vénitien,

À Naples, va chercher des bals, des mascarades,

La bénédiction qu'on donne au Vatican ;

Ailleurs, le spectacle d'un camp,

Des manœuvres et des parades ;

Ailleurs, un beau couronnement,

Grand et superbe évènement

Ou les étrangers accoururent,

Ou trente puissances parurent.

Quel plaisir, de retour chez soi,

De conter à ses camarades

Quel hasard le plaça tout à côté du roi.

Les fêtes, les soupers, les danses, les aubades,

Les balustres, et les arcades,

Les tribunes, et les balcons,

Combien les Allemands vidèrent de flacons.

Du cérémonial de cette grande fête

Le fat vous étourdit la tête,

Redit chaque détail qui flatte son orgueil,

Les noms de tous les grands qui lui firent accueil;
Et même il a sur lui le ruban honorable
Que lui donna la cour dans ce jour mémorable.

Épris de plus nobles objets,
Des portiques, des colonnades,
Des danses, et des sérénades,
Ont pour vous de foibles attraits.
Le choix savant et des vins et des mets
N'est point entré dans vos projets;
Pour le beau seul vous êtes nés gourmets.
Des cathédrales et des temples
Votre pays vous offre assez d'exemples;
Et la belle nature aux plus savants pinceaux
Y peut fournir d'assez riches tableaux.
Jeunes encore, et vertueux et sages,
Le désordre n'a point commandé vos voyages;
Ce travers n'est pour vous qu'un objet de pitié;
De plus nobles motifs vous ouvrent la carrière,
Et, quand vos pas quitteront la barrière,

Vous ne laisserez en arrière
Que les regrets de l'amitié.

Laissez les ruines antiques
À ces amateurs fanatiques
Des temples, des palais, des urnes, des tombeaux,
Pour qui les plus anciens sont toujours les plus beaux,
Dont l'érudition profonde
Dans chaque souterrain et dans chaque caveau
Court interroger le vieux monde,
Sans s'inquiéter du nouveau.
Étudiez les peuples et les hommes;
Oubliez ce qu'on fut pour voir ce que nous sommes.
Pour voyager avec succès
De l'habitude encore évitez les excès.
Il ne faut aimer trop, ni trop peu sa patrie;
L'un seroit sacrilège, et l'autre idolâtrie.
Les uns, obstinés citoyens,
Ne trouvent que chez eux le vrai goût, les vrais biens,
Ne conçoivent pas qu'on puisse être

Autrement que l'on est au lieu qui les vit naître.

Qu'on soit Irlandois à Dublin,

Perse dans Ispahan, Allemand à Berlin.

Ivre de leur terre natale,

Sur le talent, la vertu, la beauté,

Ils vont braquant de tout côté

La lunette nationale;

Et de tous les états, et de tous les pays,

Ils reviennent chagrins, haïssant et haïs.

Pour désenfler ses hypocondres,

L'autre au sein de la France, au milieu de Paris,

Veut transporter les courses, les paris,

Et toutes les gaîtés de Londres.

Pour se chauffer durant l'hiver,

Il commande un *greet*(1), un *finder*(2);

Pour sa fourniture complète

(1) La cheminée dans laquelle on place le charbon.

(2) Espèce de garde-cendres.

Ne manque pas de faire emplète

De l'infatigable *poker* (1),

Qui, des passe-temps le plus cher,

Près d'une cheminée au *spleen* un peu sujette,

Où siègent les vapeurs et la consomption,

L'étude en bonnet noir, la lecture en lunette,

La politique auprès d'une gasette,

Et l'avarice auprès de sa cassette,

Du mélancolique charbon

Faisant partir par amusette

Quelquefois par distraction

La rapide étincelle et la vive bleuette,

Pour égayer la méditation,

Dans les jeux du foyer remplace la pincette.

Il ne sort pas sans un spencer,

Ne se présente plus qu'en bottes,

Ne lit que Milton et Chaucer;

Pour n'en pas perdre l'habitude,

(1) Tient lieu de la pincette.

Du nom de *raod* il appelle nos bals,

Et du sort des François n'a plus d'inquiétude

Depuis qu'ils ont adopté les wauxhals.

A ce bel opéra, que le monde idolâtre,

Va de Covent Garden regretter le théâtre;

Sollicite avant son départ

Le combat du taureau, la chasse du renard;

S'étonne seulement que la France ait fait grace

Aux loups dont l'Angleterre extermina la race;

Se fait admettre au club, paye en livres sterlings

Sa soupe à la tortue, et ses chers *plump-pundings;*

Pour mieux s'habituer à la langue françoise

Se rend exactement à la taverne angloise,

Et dans ses jeux chéris, soigneux de s'exercer,

À nos Parisiens veut apprendre à boxer;

Par-tout de son pays conserve les coutumes,

Les usages et les costumes;

Enfin, rentrant chez lui comme il étoit sorti,

Y revient plus anglois qu'il n'en étoit parti.

D'autres, lassés du séjour de leurs pères,

Vont poursuivant de lointaines chimères,

Et, se dépaysant pour devenir meilleurs,

Dénigrent tout chez eux, adorent tout ailleurs.

Tout ce qu'ils n'avoient pas charme leurs goûts frivoles.

Ainsi les superstitions,

Chez les antiques nations,

Des cultes étrangers empruntoient les idoles.

Du joug de l'habitude ils marchent dégagés,

Et perdent leur sagesse avec leurs préjugés.

Ainsi du bon François quand l'humeur vagabonde

Se mit à parcourir le monde,

Par-tout il moissonna les sottises d'autrui,

Et dans le monde entier ne méprisa que lui;

Il courut mendier aux terres étrangères

Ses usages, ses mœurs, et ses lois passagères.

Aux rochers de la Suisse, aux plaines d'Albion,

Il croyoit s'élancer vers la perfection.

Revenu, disoit-il, de ses erreurs premières,

Il délioit son joug, et brisoit ses lisières.

Qu'arriva-t-il? Au lieu de nouvelles lumières,

Il rapporta pour prix de son instruction

    L'extravagance et la destruction.

En berline, en wiskis, en frac, en guêtre, en bottes,

En gilets écourtés, en longues redingotes,

La révolution, pour punir les François,

À des goûts étrangers dut ses premiers succès.

    De motions nos cafés résonnèrent;

De mots, de plans nouveaux, nos vieillards s'étonnèrent;

    De jeunes fats et d'imberbes Catons

        Dans nos tribunes dominèrent,

        Ridiculement y prônèrent

        La république des Platons.

        Des bavards de tous les cantons

        Nos jeunes dames rafolèrent;

        Les graces, les ris s'envolèrent.

        Mille petits Catilinats

Inondèrent nos clubs, nos salons, nos sénats.

Le cœur se corrompit, les esprits se troublèrent.

Comme un torrent fougueux le désordre roula.

    Plus de respect pour ses chefs, pour ses maîtres;

La licence à ses pieds foula

Les ouvrages de nos ancêtres.

Le mauvais goût eut de nombreux fauteurs.

Le tragique fit place à d'effroyables drames ;

L'honneur à la terreur succéda dans les armes,

Et la pitié resta pour les auteurs.

La sensible amitié ne vit plus que des traîtres.

Dans ses vieux fondements l'empire chancela ;

Les débris des autels écrasèrent les prêtres,

Et sur les courtisans le trône s'écroula.

Évitez ces excès ; voyez la jeune abeille,

Qui, dès le retour du matin,

Sur le thym odorant, sur la rose vermeille,

Cueille la cire et cherche son butin.

Dans sa loge natale, ou dans d'autres cellules,

Ses partialités, ses dégoûts ridicules

Ne vont point s'informer comment se fait le miel :

Elle suit son instinct, la nature, et le ciel.

Imitez-la ; repoussez tout système :

Vous le savez, et du bien et du mal

Le ciel à tous les lieux fit un partage égal.

Avant l'étude, avant l'expérience,

N'avons-nous pas la conscience?

C'est à ses lois que l'on doit obéir.

Sur les objets qu'on doit haïr,

Sur ceux qu'il faut qu'on aime,

Chacun est son juge à soi-même.

De l'imitation le danger est extrême.

Observez avec soin, choisissez à loisir.

L'art de bien voyager, c'est l'art de bien choisir.

Mais ne vous bornez pas aux plus prochains rivages;

Examinez d'un regard pénétrant

D'autres pays, d'autres usages,

Et sur les bords lointains, policés, ou sauvages,

Comme votre pensée, étendez vos voyages.

Vous êtes bien petits, et le monde est bien grand.

Quel que soit le climat qu'aborde votre audace,

N'espérez point trouver les lieux

Tels que les virent nos aïeux.

Le temps qui forme tout, et par qui tout s'efface,

Du monde entier change la face :
Les peuples, les climats, l'eau, la terre, et les cieux.
Vous chercheriez en vain Tyr, Carthage, Ecbatane.
Un volcan engloutit et Lisbonne et Catane.
    Sur son terrain par le temps exhaussé
        Le Capitole est abaissé.
    Où reposoit la famille des Jules
        Des capucins ont leurs cellules.
Ne voyez rien d'un œil léger et dédaigneux.
        Observez d'un regard soigneux
Les changements des lois, des hommes, et des dieux.
Vous êtes bien enfants, et le monde est bien vieux.

    Sachez aussi dans votre course
Des peuples dispersés chercher l'antique source.
L'un est né des Gaulois, et l'autre des Germains ;
L'un est enfant des Grecs, et l'autre des Romains.
    Cet autre, fier de son vieil âge,
Fils de l'Égyptien, ou du Scythe sauvage,
    Changea cent fois de mœurs et d'esclavage.

Que de peuples divers, né du même berceau,

Prennent des traits, un goût, un langage nouveau,

    Et des habitudes contraires!

Dépendant du vainqueur, du siècle, et des climats,

Dans le monde habité tous les peuples sont frères;

Et tous, ainsi que vous, ne se ressemblent pas.

Mais en vain vous offrez dans votre aimable enfance

    Cette conformité de traits,

Il est entre vous deux des rapports plus parfaits.

Même docilité, même reconnoissance,

Pour l'homme vertueux de qui l'expérience

    À vos yeux charmés dévoila

    Tous les secrets de la science;

Même amour pour les lieux où vous prîtes naissance;

    Pour Dieu, pour votre roi, voilà

    Votre plus noble ressemblance.

La fable vainement nous entretient encor

    Et de Pollux et de Castor,

Infortunés jumeaux que le destin bizarre

Plaçoit l'un dans l'enfer, et l'autre dans les cieux.

Par un sort plus doux et plus rare,
Même félicité vous réunit tous deux;
Même soin forma votre enfance.

Du jeune âge oubliant les jeux,
Dans un voyage courageux
Allez cueillir la récompense
De votre loisir studieux.

Mieux instruits, vous jouirez mieux;
Les états, les cités, les peuples, et les lieux
Ne disent rien à l'ignorance;
Son regard n'en saisit que la vaine apparence:
L'ignorant voit, le savant pense.
Jadis, la veille des combats,
Des grands événements, et des lointains voyages,
Les princes et les potentats
Interrogeoient le ciel et consultoient les mages;
Pour moi, sans me placer au nombre des devins,
Déja sur vos futurs destins
J'ai des augures plus certains,
J'ai de plus assurés présages;

Une beauté forma vos esprits enfantins,
Une beauté qui joint à la gaîté françoise
La bonté germanique et la douceur angloise.
Un sage, ami des lois, des beaux arts, et des dieux,
Connu par son talent, connu par sa sagesse,
    Des écrits de Rome et de Grèce
  Vous déroula les trésors précieux,
    Ce qu'a de plus délicieux,
    De plus sublime, de plus sage,
Le bon peuple qui vit l'aurore de votre âge.
Jugez d'après son goût, voyez d'après ses yeux.
Du sensible Antrobus, dont le cœur généreux
  Des bons François a mérité l'hommage,
  Payez l'amour, et remplissez les vœux.
  C'en est assez; je réponds du voyage.
Mais quand par le succès il sera couronné,
Parmi ces écrivains, vos compagnons fidèles,
  N'oubliez point votre cicerone,
Et laissez le disciple auprès de ses modèles.
Mes jardins, pleins des fleurs que dans nos parcs françois

Ma muse transplanta de vos jardins anglois,

Parmi tous ces écrits, charme de votre route,

Grace à votre amitié, vont vous suivre, sans doute;

Et, si j'en crois ce gibbs, qui d'un si joli ton,

    Dans son élégante lecture,

    Récite avec affection

  Ces vers sans art, dictés par la nature,

    Je le dis sans présomption,

Le succès assuré de votre heureux voyage

    Passera mon ambition,

    Et je prévois plus d'un suffrage

    Pour ma petite édition.

Encore un mot. Dans votre exécution

    Vous n'oublierez pas cette France

    Qui par le nombre et la vaillance,

    Son inépuisable opulence,

D'audacieux exploits, d'illustres attentats,

    A pesé sur tous les États.

Là, vous verrez encor l'idole de la France,

L'honneur, cette brillante et trompeuse monnoie
Qu'au bien public un esprit sage emploie,
Qui court de main en main, du noble au roturier,
Des princes aux sujets, du poëte au guerrier.
C'est l'honneur qui créa des ordres, des chapitres,
Mesure les égards sur les rangs, sur les titres;
Veut des plaisirs ou bruyants ou coûteux,
Du silence seul est honteux;
Moins empressé, moins ambitieux d'être,
Que jaloux de paroître,
Fait de l'orgueil la base du devoir;
Par des distinctions, des richesses se venge;
Commerce de respect, trafique de louange,
Les donne pour les recevoir;
Préfère aux vrais besoins l'or, le japse, et l'albâtre;
Cherche des spectateurs, et demande un théâtre;
Se montre pour briller, brille pour éblouir,
Et jouit en effet, s'il a l'air de jouir;
Flétri d'un rien, heureux de peu de chose,
Il marche fier des chaînes qu'il s'impose;

Pour lui, le plus superbe don

Est un coup d'œil du prince, un sourire, un cordon;

Même, avant ses quartiers, il compte ses services,

Se pare de ses cicatrices;

Un brancard décoré de ses sanglants lambeaux,

Un trophée ennemi conquis dans les batailles,

Des grenadiers en pleurs suivant ses funérailles,

Le flattent plus qu'un fastueux cercueil,

Les pompes de la mort, et le luxe du deuil;

Il aime l'héroïsme, abhorre la bassesse;

En vain Plutus, entouré de trésors,

Au dieu d'hymen ouvre ses coffres forts;

Il veut pour dot, au lieu de la richesse,

Un nom sans tache, un rang, et la sagesse;

Il est souvent l'espoir des peuples abattus,

L'aiguillon des talents, et l'ame des vertus.

Mais aussi qu'un grand choc ébranle un grand empire,

L'honneur lui-même à sa perte conspire.

L'opinion, simulacre du jour,

L'opinion, divinité frivole,

Entend sa voix; il commande' elle vole

De l'église au barreau, de la ville à la cour;

Poursuit de là des mers sa course vagabonde;

    Nègres et blancs s'arment en un clin d'œil;

        Le sang rougit la terre et l'onde;

        Les champs, les cités sont en deuil:

On est brouillon par mode et méchant par orgueil.

Malgré les changements qu'a subis ce théâtre,

Sur ce terrain mouvant, sous ce ciel orageux,

Vos yeux surpris verront la jeunesse folâtre

        Et l'alégresse opiniâtre

Recommencer ses bals, ses danses, et ses jeux,

        Que sa longue enfance idolâtre.

        Tel le voyageur curieux

           Qui d'un volcan horrible

        Vient observer l'explosion terrible

Sur les bords du cratère, interroge en tremblant

        Les cavités de l'abyme brûlant,

        Les points d'où partit l'incendie,

Où la lave s'est refroidie;

Mais, parmi ces monts menaçants,

Où dans les tourbillons de ses feux étouffants

Le gouffre ensevelit les mânes

De leurs femmes, de leurs enfants,

Bientôt il voit les bergers triomphants

Rétablir en chantant leurs antiques cabanes,

Y reconduire leurs troupeaux,

Reprendre leurs joyeux pipeaux;

Sur la terre encor mugissante,

Les gazons refleuris, la moisson renaissante;

L'industrie appelant les arts,

Les superbes cités relevant leurs remparts,

Les églises leurs tours, et les arbres leurs faîtes,

Et la nature en deuil, et la nature en fêtes.

Ainsi, d'un œil surpris, et des biens et des maux

Vous contemplerez les tableaux.

Par un moins bizarre assemblage,

Quelque pinceau capricieux

Sur un même visage,

ÉPITRE.

Pour amuser nos yeux,
Aux traits du rieur Démocrite
Uniroit ceux du pleureur Héraclite;
Et sur ses murs Voltaire auroit écrit:
C'est Jean qui pleure, et Jean qui rit.
Sans cesse menacé par l'Océan qu'il brave,
Tel vous ne verrez point l'industrieux Batave:
Le travail, la sagesse, et toutes les vertus
Entre leurs mains fidèles
Tiennent chez lui la clef du temple de Plutus.
Il respecte les lois et les mœurs paternelles;
Dans son terrain conquis sur l'abyme des flots,
Doublement enrichi par la terre et les eaux,
Il est frugal au sein de l'abondance;
Hardi spéculateur, guidé par la prudence,
Son industrie est son trésor,
Son crédit est l'économie;
Dans l'avenir il rejette la vie;
Seul il règne au milieu de ce monde amphibie,
Commande aux éléments, mais obéit à l'or;

Fier de sa propreté, de sa simple élégance,

    Son luxe est sans extravagance;

La seule utilité dirige ses projets;

    Pour lui les prés ne sont que des pâtures,

Les chênes des sabords, et les pins des mâtures,

    Les vents ne sont que des soufflets,

La mer un grand chemin, leurs vaisseaux des voitures.

Adieu, chers nourrissons de la riche Angleterre,

Je vous ai transportés de votre heureuse terre,

    Du séjour chéri de vos rois,

De leurs simples palais, de leurs bosquets champêtres,

Ornés par les vertus de leurs augustes maîtres,

Où le pouvoir siège à côté des lois,

Au Louvre, où de Louis régnèrent les ancêtres;

    À ces jardins célébrés tant de fois,

Embellis par les arts, dessinés par Le Nôtre,

    Beaux lieux tout-à-coup envahis

Par un peuple qui fit son malheur et le nôtre;

    Quand vous aurez visité mon pays,

Revenez promptement être heureux dans le vôtre.

Ce pays est celui des arts,

Des vertus, des lois protectrices,

Qui d'un bonheur égal font jouir tout l'état,

Du roi, du peuple, et du sénat,

Inexorables bienfaitrices.

Revenez donc dans cet heureux séjour,

Présent à votre esprit, et cher à votre amour.

Plus on parcourt le reste de la terre,

Plus on apprend à chérir l'Angleterre.

Vers ces beaux lieux hâtez votre retour.

Ainsi la vagabonde et frileuse hirondelle,

Que loin des noirs frimas

Un printemps étranger appelle,

En de moins rigoureux climats

Revient, aime à revoir, se plaît à reconnoître

Le champ qui la nourrit, le ciel qui la vit naître,

Et ces murs paternels et ces fragiles toits

Que son vol rasa tant de fois

D'une aile familière,

9

Et la solive hospitalière
Qui soutenoit son nid. Là, de son doux berceau
Le duvet la reçut; là, de sa tendre mère
e bec pour son repas lui portoit un morceau
Ou de mouche, ou de vermisseau.
Là, sa diligence attentive
Dirigea son vol foible encor,
Enhardit son aile craintive
À prendre son premier essor;
Ce lieu, de son enfance ancien dépositaire,
Sera de ses neveux l'empire héréditaire;
Pères, mères, enfants, au printemps réunis,
Y viendront faire encore et l'amour et leurs nids.
Revenu de ses incartades,
Le pélerin ailé fait à ses camarades
Des récits curieux, utiles, ou nouveaux
Où sont les plus beaux grains et les plus belles eaux,
Où chantent le mieux les oiseaux,
Où sont leurs plus douces peuplades,
Où l'horrible vautour, où l'avide épervier

Troubla le moins ses douces promenades,

Ce toit qui le vit essayer

Et son instinct novice et sa plume nouvelle,

Qui jeune encor l'entendit bégayer

La chanson paternelle,

Où la douce habitude en secret le rappelle, .

Seul peut lui plaire, et seul peut l'égayer,

Et la plus riante charmille,

Où, par la verdure séduit,

Le peuple des oiseaux fourmille,

Plaît moins à ses regards que cet humble réduit

Et ces toîts enfumés, berceau de sa famille,

Aussi le zéphyr printanier

En vain revient le convier

À quitter sa poutre chérie;

Si long fut son exil! si douce est sa patrie!

Il partit vagabond, il revient casanier.

Ainsi le voyageur, que loin de son foyer

Un instinct curieux exile,

Avec transport retrouve son asile;

C'est là qu'il veut vivre et mourir. Pourquoi
Chercheroit-il encor les terres étrangères
Chez d'autres nations et sous une autre loi?

La défiance est mère de l'effroi.
Les changements de lieu ne nous profitent guères;
On peut s'instruire ailleurs, on ne vit que chez soi.

REMARQUES.

L'auteur de cette épître s'est proposé de la rendre utile aux voyageurs de tous les pays. Il a tâché d'y éviter toute espèce de partialité.

PREMIÈRE.

Les pleurs du Christ.

L'auteur veut désigner ici le Lacryma Christi qu'on récolte sur le revers du Vésuve.

DEUXIÈME.

Les vins pourris dans les fosses d'Espagne.

Vin *rancio*, dont le nom ne vient point de celui d'un lieu, mais du mot latin *rancidus*, parceque ce vin mûrit long-temps dans des puits creusés pour le recevoir.

TROISIÈME.

N'est plus dans Rome, elle est dans mes cartons.

Ce vers est une parodie du vers fameux de la tragédie de Sertorius. L'auteur, dans ce passage,

est bien loin de vouloir dégrader les dessina-
teurs, qu'il regarde comme les premiers maîtres
des peintres.

QUATRIÈME.

De Lucque et d'Aix va comparer les huiles.

On sait que les territoires d'Aix et de l'ancienne
république de Lucque fournissent les meilleures
huiles connues.

CINQUIÈME.

Ma petite édition.

Un des enfants à qui cette épître a été adres-
sée fut nommé dans la société *Poket*, édition du
poëme des Jardins, parcequ'il récitoit plusieurs
morceaux avec beaucoup d'esprit et de goût.

SIXIÈME.

De mouche ou de vermisseau.

Ce vers est de La Fontaine.

www.ingramcontent.com/pod-product-compliance
Lightning Source LLC
Chambersburg PA
CBHW060632100426
42744CB00008B/1594